HISTORIQUE
DE LA RÉVOLUTION,
TIRÉ
DES SAINTES ÉCRITURES.

HISTORIQUE

DE LA RÉVOLUTION,

TIRÉ

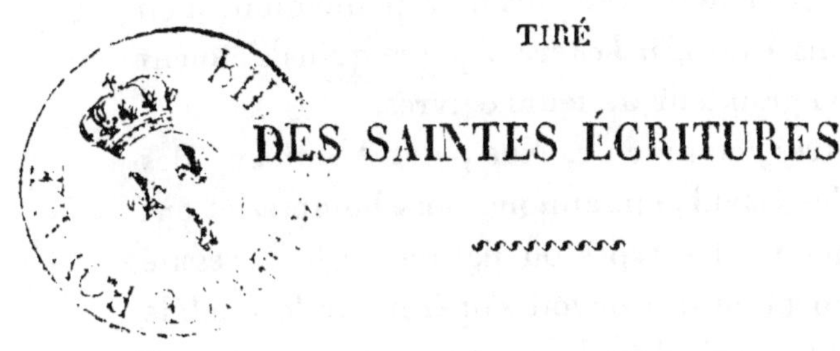

DES SAINTES ÉCRITURES.

Lorsque la série des temps ramène à leur suite des faits semblables à ceux qui sont consignés dans nos livres saints, on se demande si les temps sont déjà accomplis, ou si ce qui s'étoit passé n'étoit que le type et le présage de ce qui devoit être encore.

Il est certain que les Écritures étant divinement inspirées, elles doivent embrasser et décrire également l'histoire de ce qui a été, de ce qui est, et de ce qui sera.

Il est aussi intéressant qu'instructif de faire ces rapprochemens et de voir dans quelles circonstances celui qui est le rocher des siècles a manifesté sur la grande scène du Monde sa volonté souveraine, sa puissance ou son jugement, soit par ces grandes catastrophes qui ont affecté l'universalité du globe, soit par ces grands phénomènes destinés à imprimer dans l'esprit des traces profondes par les désastres qu'ils ont causés, soit enfin par ces agens étonnans de sa justice ou de sa miséricorde qui ont changé la face des empires; car les uns, comme Nembrod, les Pharaon, les Assur, ont été pour un temps les verges de sa fureur et de son indignation, pour disparoître à leur tour avec plus de rapidité qu'ils n'en avoient mis à ravager la terre, parce qu'ils s'étoient attribué la grandeur de leurs œuvres.

Les autres, comme des Noé, des Abraham, des Moyse, des David, ont annoncé aux hommes et ont été eux-mêmes les types ou figures de la nécessité d'une rénovation qui devoit s'opérer sur le modèle de celui qui devoit dans le milieu des temps réaliser toutes les figures qui l'avoient précédé, et exprimer toutes celles qui devoient le suivre; de celui qui devoit assujettir la mort même et la forcer à restitüer la vie, de celui enfin qui a paru dans l'humilité pour prédire son règne de gloire, devant laquelle toute gloire s'éclipsera et disparoîtra parce qu'il sera la gloire de toutes choses.

L'Écriture contient donc toutes les figures et leurs expressions; et tant que le monde subsistera, les mêmes dispositions chez les hommes ramèneront à quelques nuances près les mêmes choses qu'ils ont à craindre ou à espérer.

Par un effet admirable de vérité, de justice et d'amour, la Providence a voulu que le livre par excellence, le livre que son esprit a dicté, contînt toutes les promesses et toutes les menaces, qu'il contînt tous les faits comme une conséquence de ces promesses et de ces menaces; qu'il contînt toutes les maximes et toutes les règles ; elle a voulu que ce livre fût l'histoire de tous les changemens possibles ; elle a voulu qu'il y fût nommé des hommes comme Cyrus, célèbres par la gloire de leurs exploits ; elle a voulu qu'il en fût nommé de fameux par leurs ravages comme Assur ; elle a voulu qu'il en fût d'étonnans par la grandeur de leurs épreuves et de leur patience comme Job. C'est par ces nuances et ces transitions que nous apprenons à reconnoître celui qui préside à ces scènes si variées, qui les prépare dans ses décrets pour amener enfin l'exécution de celui par lequel tout genou doit fléchir devant le Créateur et le consommateur de toutes choses, devant le principe et la fin, devant le seul à qui soit dû honneur, puissance et gloire aux siècles des siècles.

Que si dans cet esprit on cherche instruction dans les Écritures, elles rendront attentif à tout ce que la Providence permet à chaque époque, à chaque instant même pour éveiller l'homme et le placer, s'il cède à son impulsion, dans la seule route qu'il doit suivre ; car il peut voir dans ce qui se passe, et la conséquence de ce qui a été, et l'annonce de ce qui sera.

Quelques exemples rendront plus sensible ce que nous venons de dire : prenons-les dans les temps qui viennent de s'écouler et qui fuient chaque jour devant nous.

Y auroit-il une préface mieux appropriée à ce qui se passe depuis trente ans que ces passages?

Is. c. xxxvii, v. 3. Ces jours-ci sont des jours d'angoisse, de répréhension et de blasphêmes.

Hab. i, 5. Regardez entre les nations, voyez et soyez étonnés et tout interdits ; je vais faire de votre temps une œuvre que vous ne croirez pas quand on vous la racontera.

Is. xxxiv, 16. Recherchez au livre de l'Éternel et lisez : Il ne s'en manquera pas un seul mot, car c'est ma bouche qui l'a commandé.

L'insouciance dans laquelle on vivoit avant la Révolution, le luxe, la prodigalité, les dissipations, les vains amusemens ne laissoient point apercevoir le danger des écrits du temps, qui préparoient le trop fameux systême *du nivellement,* dont les suites devoient être si funestes. Lisons cet arrêt de nivellement, ses suites, et quelle devoit être la disposition des esprits pour faire éclore cet ordre de choses.

Amos. vi, 3, 4, 5, 6. Id. vii, 3. Vous qui éloignez les jours de la calamité, qui vous couchez avec lasciveté sur des lits d'ivoire, qui fredonnez au son de la musette en buvant du vin et vous parfumant des parfums les plus exquis, *je vais mettre le niveau.* Et comment s'opérera-t-il ?....

Is. xxiv, 2. Tel sera le sacrificateur que le peuple ; tel le maître que son serviteur ; telle la dame que sa suivante ; tel le vendeur que l'acheteur ; tel celui qui prête que celui qui emprunte; tel le créancier que le débiteur.

J'ôterai l'homme fort, l'homme de guerre, Is. III, 1, 2, 3, 5.
le juge, l'homme éclairé, l'ancien, l'homme d'autorité, le conseiller, *l'expert entre les artisans*. L'enfant se portera arrogamment contre le vieillard, et l'homme abject contre l'honorable.

Voilà le résultat de ce terrible système de nivellement; s'est-il manqué la moindre circonstance à ce qui est ici décrit? Jusques à la suppression des jurandes y est exprimé : *L'expert entre les artisans*.

Mais comment arriver à tel ordre de choses dans un instant, lorsque le Gouvernement paroissoit tellement affermi? L'Écriture va nous l'apprendre.

J'ai versé au milieu d'eux un esprit de renver- Is. XIX, 14.
sement; je les ai fait errer dans leurs œuvres comme un homme ivre qui se vautre dans son vomissement.

Ce passage explique cet esprit d'inquiétude, d'innovation, de réforme qui occupoit tous les Ordres de l'État et dont les Parlemens eux-mêmes ne furent pas exempts, lorsqu'à la suite de plusieurs résistances ils demandèrent les États-Généraux et entraînèrent à leur avis les princes, les pairs dans une démarche si contraire à l'autorité royale dans la disposition générale où étoient alors tous les esprits en France.

On lit dans Isaïe ce qu'il faut penser de cette démarche.

Is. XIX, 11, 13. Les principaux se sont trompés; ils sont revêches et compagnons des larrons; ils sont fous, ils sont insensés, les sages d'entre les conseillers sont un conseil abruti.

Et ces assemblées de notables qui devoient préparer des remèdes aux grands maux dont l'État étoit menacé, si leur nullité fut manifestée, si on se plut à les couvrir de ridicule et d'épigrammes (1); déjà Isaïe avoit consigné ce passage si applicable.

Is. XLI, 28, 29. J'ai regardé, il n'y avoit point d'hommes notables, il n'y avoit aucun homme de conseil; toutes leurs œuvres n'étoient que vanité et choses de néant.

Que ceux qui liront ce petit écrit, se gardent de penser que les passages que nous citons n'expriment que le sens sous lequel nous le présentons ici. C'est l'Esprit infini qui dicte l'Ecriture; il n'y a pas dès-lors un mot qui n'aie ou ne puisse avoir une interprétation proportionnée à la hauteur où il plaît à cet Esprit infini de se révéler aux hommes; et puisque nous sommes bornés par le sens qui nous occupe, à comparer le sens historique de quelques passages de l'Écriture avec les événemens dont nous avons été les témoins, continuons de rapporter les faits les plus saillans de cette époque fameuse, et nous trouverons si littéralement dans notre source ce qui y est analogue, que nous serons forcés de convenir qu'*il y a eu des prophètes*. Car encore une fois, qu'on ne répète pas que dès long-temps les prophéties

---

(1) Chanson du temps, *Une heure, deux heures, etc.*

sont accomplies ; mais indépendamment qu'il est important de se rappeler des choses qui ont été, pour qu'elles puissent être un préservatif afin qu'elles ne soient plus ; sinon elles se renouvellent, et les mêmes menaces s'accomplissent ; nous savons d'ailleurs qu'il est des prophéties pour les derniers temps. Daniel et saint Jean nous en préviennent ; les sceaux se leveront peut-être bientôt. Ah ! que nous serions coupables de ne pas chercher sous l'aile du Dieu fort un refuge contre ces tempêtes qui nous ont ravagés et qui sont encore si près de nous que le moindre coup de vent peut les ramener sur nos têtes !

Pour que toutes les destructions que nous avons vu successivement arriver, se réalisassent, pour que l'on vît l'accomplissement de cette terrible parole . . . . *L'Éternel va rendre le pays vide et l'épuiser* (Isaïe, chap. 24, v. 1), il faut que l'Écriture nous trace le tableau des élections qui devoient former la majorité dans les assemblées qui ont changé la face de la France.

Voici ses expressions :

Ils seront sages à leurs yeux et intelligens en se considérant eux-mêmes. Is. v, 21.

Ils appelleront le bien mal et le mal bien. Id... id. 20.

Ils feront des ordonnances d'iniquité et dicteront l'oppression afin d'avoir les veuves pour leur butin et de piller les orphelins. Id. x, 1, 2.

Ils tireront l'iniquité avec des cables de vanité. Id. v, 18.

Ils publieront leur péché comme Sodome et ne le céleront pas. Id. III, 9.

Ils doivent enfin exprimer en réalité cette parole d'Isaïe qui est le résumé de ce tableau.

Id. xxv, 4. (Le souffle des terribles est comme un débordement.)

Voilà les élémens qui devoient former *les assemblées destinées à faire jugement et établies pour châtier.* (Hab. I, 12.) Et combien ces expressions sont fortes!!!!!

Is. L, 11. Is. LIX, 2, 3, 4. *Vous comparoîtrez devant elles.* « Vous tous qui avez allumé le feu et qui vous êtes ceints d'étincelles que vous avez embrasées, vos iniquités ont fait séparation avec votre Dieu, il a caché sa face afin qu'il ne vous entende pas. *Car* vos mains sont souillées, vos lèvres ont proféré le mensonge et votre langue la perversité; il n'y a personne qui plaide pour la vérité; on se fie en des choses de néant; on parle vanité; on conçoit le travail et l'on enfante le tourment.»

Entendez donc le terrible arrêt!!!!

Ez. xxiii, 46, 47, 48. Qu'on fasse monter l'assemblée, et que l'assemblée les assomme et les taille en pièces; qu'ils tuent leurs fils et leurs filles, qu'ils détruisent leurs maisons, et ainsi j'abolirai du pays l'énormité.

Peut-on s'étonner après cela de ces lois qui paroissoient subversives de toute idée de justice, de ces lois qui se montroient d'autant plus barbares, qu'on leur donnoit des effets rétroactifs et qu'elles engloboient l'innocent coupable?... Oui, l'innocent et le coupable, tout est enveloppé sous la loi de rigueur ; et pour que le sang innocent pût attirer enfin sur les hommes quelque coup d'œil, il falloit qu'il en fût versé. Celui qui du mal même fait produire au grand jour la justice de ses décrets, punit à la vérité les méchans par leur sévérité ; mais par ces mêmes décrets il purifie ses élus par la grandeur et l'étendue des sacrifices qu'il en exige : les hommes peuvent bien s'approprier à être les terribles agens d'une justice nécessaire ; mais leurs victimes innocentes ! ! ! O Dieu ! c'est vous qui gardez leur salut, et vous récompensez en Dieu ce que la nature humaine qui s'abandonne à vous, peut montrer au monde des souffrances infinies que vous avez si grandement sanctifiées jusques à la mort et à la mort de la croix.

Et si nous devons frémir de voir les nobles, les magistrats, les prêtres, les princes et le roi lui-même tomber pêle-mêle *sous la machine de perdition,* sachons que *la miséricorde se vante par-dessus le jugement :* ainsi voyons avec soumission les arrêts qui étoient portés ; et laissons à Dieu à justifier ce qu'il a permis.

Y a-t-il contre une des colonnes du trône, contre cette noblesse antique et si glorieuse de ses hauts faits une sentence portée? Un décret de cette assemblée détruira-t-il ses décorations? Ouvrons le livre saint.

Pour flétrir l'orgueil de toute la noblesse, et pour avilir les plus honorables, j'ai pris ce conseil ; je leur donnerai des jeunes gens pour gouverneurs, et des enfans domineront sur eux. Is. XXIII, 9. Id. III, 4. Id. V, 13.

Les personnes de qualité seront abaissées.

Ez. xxvi, 16. Princes, descendez de dessus vos sièges, ôtez vos manteaux, dépouillez vos vêtemens de broderie (n'est-ce pas l'abolition des Ordres), dépouillez-vous de vos vêtemens de broderie, vêtissez-vous de frayeur et soyez désolés.

Et vous magistrats si entourés d'éclat et de renom, qui vous disiez aussi une des colonnes de l'État, un simple décret de l'Assemblée constituante vous a dépouillés de vos fonctions, et depuis, le plus vil des dénonciateurs vous appeloit en jugement, et vous disparoissiez à sa voix. Voici l'article qui vous concerne.

Is. xli, 25. Je marcherai sur les magistrats comme sur le mortier (1) ; je les foulerai comme le potier foule la boue.

Is. xxxiv, 12. Ils crieront qu'il n'y a plus de royaume.

Et cette troisième colonne si révérée ; ces princes de l'Église, ces prêtres vénérables échapperont-ils à cette assemblée si formidable ? Hélas ! il est dit : *Prophétise aux pasteurs et dis, malheur aux pasteurs !* (Ezech. xxxiv, 2) ; et si nos yeux n'avoient pas vu le massacre des Carmes et tant d'autres du même genre, nous n'aurions qu'à ouvrir Jérémie qui le décrit comme s'il en étoit témoin ; on trouve aussi pourquoi la sévérité de ce décret.

Ez. x, 10. Id. xxxiv, 2. J'en veux à ces pasteurs, parce qu'ils ne paissent qu'eux-mêmes et ne paissent pas le troupeau.

---

(1) Comme sur le mortier, allusion à la décoration de la haute magistrature.

Plusieurs ont gâté ma vigne et foulé mon pâturage. Jér. XII, 10. Id. XXV, 34.

Ainsi pasteurs, hurlez et criez ; et vous magnifiques du troupeau, vautrez-vous dans la poussière ; car les jours déterminés pour vous *massacrer* sont accomplis ; vous n'aurez aucuns moyens de fuir et d'échapper : je vous ferai descendre comme des agneaux à la tuerie et comme on y mène les moutons avec les boucs. Id. VII, 35. Id. LI, 40.

Et vous, sexe foible et presque toujours épargné par cela même dans des révolutions toujours conduites par des sentimens de fureur qui vous sont étrangers ; vous serez atteint par celle-ci ; car il est une sentence portée contre votre coquetterie, votre recherche de parure et contre vous ; mais vous fournirez aussi vos martyrs : les Carmelites de Saint-Denis, les innocentes victimes de Verdun..... et madame Élisabeth.

Les filles se sont élevées, elles ont marché la gorge découverte avec une fière démarche, faisant du bruit avec leurs pieds, faisant des signes des yeux pour se faire regarder. Is. III.

J'ôterai les agrafes, les boucles, les petites boîtes, les chaînettes, les papillottes, les atours, les jarretières, les rubans, les bagues à senteur, les anneaux, les mantelets, les crèpes, les thiares et les couvre-chefs.

Enfin, oh terrible assemblée! le sort même du roi et

de la reine vous est remis, vous en ferez selon l'étendue de votre parole; car voici la parole:

Jér. xv, 18. Dis au roi et à la régente, asseyez-vous sur la cendre, cette couronne magnifique tombera de dessus vos têtes.

Ez. xxi, 32. Qu'on l'enlève cette couronne, à la renverse, à la renverse, à la renverse!

Jér. xxii, 13. Ils ne le plaindront point en disant: Hélas! sire, hélas! sa magnificence.

Id. xiii, 21. Il leur a enseigné à être supérieurs sur sa tête.

Os. x, 3. Ils ont dit: Nous n'aurons plus de roi; eh! que nous feroit un roi?

Jér. xxii, 19. Il sera enseveli et jeté au-delà des portes.

Id. xlviii, 17. Vous tous qui connoissiez son nom, comment a été rompue cette forte verge et ce sceptre d'honneur?

Is. xlvii, 5, 11. Et toi reine fameuse, tu ne seras plus appelée la dame du royaume; le mal qui viendra sur toi sera tel que tu ne pourras le détourner.

En traçant de si tristes souvenirs et si précis, j'aime à penser qu'il sera donné un jour à décrire quels types ou expressions vraies le roi, la reine, madame Élisabeth, ont été appelés à montrer au monde et même jusqu'à sceller de leur sang le témoignage glorieux qu'ils en rendront. Ah! que les opinions des hommes et leurs jugemens sont vains et fautifs sur des événemens du genre de ceux qui nous occupent!!!

Oh! trop illustres victimes, après avoir si religieusement exprimé les souffrances de notre divin modèle, après vous être abreuvées dans la coupe des amertumes que votre peuple vous a présentée, quelles couronnes de gloire ne vous sont pas réservées? Déjà Dieu vous les a données; mon amour et mon respect s'unissent à la Justice qui vous les décerne; ma foi l'entrevoit, et mon espérance me confirme qu'un Dieu, dont vous me retracez si visiblement le sacrifice, n'a permis un régicide que pour vous associer plus intimement à son empire sur la mort même.

Je vous salue de loin, illustres martyrs! Je vous salue et vous implore pour ce peuple, hélas! qui n'est plus votre peuple, ce peuple qui vous a trahi et qui n'oseroit plus, dans l'excès de sa confusion, invoquer cet amour que vous n'aviez cessé de leur montrer.

Nous venons de voir dans le livre divin (comme nous l'avons vu de nos yeux) la chute du trône et de tous ses soutiens; nous avons pu y remarquer le portrait de la trop grande bonté de celui qui étoit assis sur ce trône : *Il leur a appris à être supérieurs sur sa tête*; les insultes dont on l'abreuvoit : *Ils ne diront pas : Hélas! sire, hélas! sa magnificence.*

On lui refusoit les titres dus à sa dignité; c'est Capet qu'ils le nommoient par dérision..... Jusqu'au local de sa sépulture est indiqué : *Il sera jeté au-delà des portes.* Effectivement, c'est au cimetière de la Madelaine, au-delà des portes de Paris, qu'ils ont jeté les restes d'une si longue et si puissante race.

On se demande avec Jérémie :

Ont-ils été confus de ce qu'ils ont commis ces abominations? Il se répond : *Ils n'en ont eu aucune honte; ils ne savent ce que c'est de rougir* (Jérém. VI, 15).

Et Ezéchiel : *Ils laisseront leurs bonnets sur leurs têtes, ne mèneront pas deuil et ne pleureront point* (Ezéch. XV, 3).

Il faut même que le signe de cette audacieuse et criminelle liberté trouve son nom dans ce trésor si précieux d'où nous tirons la dernière époque de notre histoire.

Nous pouvons dire avec Joël : *Est-il arrivé du temps de vos pères une chose comme celle-ci?* (Joël I, 1). Faites-en le récit à vos enfans, et que vos enfans le fassent à leurs enfans, et leurs enfans à une autre génération.

Hélas! de l'instant que furent effectués les premiers nivellemens, qu'ils se furent débarrassés des corporations et du roi lui-même qui gênoit encore leurs actions ; Isaïe nous apprend quelles seroient leurs œuvres.

Is. XXIV, 5. Ils ont transgressé les lois, changé les ordonnances.

Ez. XXII, 8. Ils ont enfreint l'alliance éternelle.

Is. LIX, 7. Ils ont méprisé mes choses saintes et mes jours de sabbat.

Jérémie effrayé de la révélation que lui fait l'Esprit Saint, de ces temps de calamités, s'écrie :

Jér. II, 12. Cieux, soyez étonnés de ceci et ayez-en de l'horreur.

Isaïe indique spécialement en quoi consiste cette horreur ; le voici :

Is. LXIV, 11. La maison de sanctification où nos pères t'ont loué a été prophanée ; il n'y a rien de toutes les choses qui nous étoient chères qui n'ait été désolé.

Jusqu'à la violation des tombeaux avoit été prédite, et cette prédiction s'est effectuée.

Les os des rois, les os des princes, les os des sacrificateurs, les os des habitans ont été jetés hors de leurs sépulcres. Jér. VIII, 1.

Ils ont le pouvoir en main, dit Michée; ils peuvent faire outrage; ils forgent le mal sur leur lit dès le matin, et dès le point du jour ils l'exécutent. S'ils convoitent des possessions, ils les ont aussitôt ravies; s'ils convoitent des maisons, ils les ont aussitôt prises; ainsi ils oppriment l'homme et sa maison, l'homme, dis-je, et son héritage. Mich. II. 1, 2.

Ne reconnoissez-vous pas là l'esprit qui a dicté les lois sur l'émigration, les lois qui, pour augmenter les ressources du fisc, condamnoient à mort et confisquoient les biens des condamnés? Que disoient ces législateurs? Ils battoient monnoie sur la place de la Révolution.

Ils sont, dit Jérémie, comme de l'airain et du fer, revêches plus que revêches; ils sont tous comme des gens qui se perdent l'un l'autre. Jér. VI, 22.

Ils sont aux aguets comme celui qui tend des pièges. Id. V, 26.

Id. IX, 8. Leur langue est un trait décoché, elle profère des fraudes.

Id. V, 27. Par ce moyen, ils se sont agrandis et enrichis.

Voilà l'extrait de ce qui s'est passé sous nos yeux; et combien de passages encore pourroit-on y ajouter pour le rendre plus saillant! Et quoique l'Écriture nous fournisse tous les élémens pour décrire Buonaparte et son règne, ce règne qui pouvoit être brillant, s'étant entaché de l'esprit de la Révolution, s'est évanoui, parce que, comme dit Jérémie (*ch.* IX, *v.* 22), ceux qui se laissent séduire par cet esprit sont habiles à faire le mal, mais ils ne savent pas faire le bien; et puisque Buonaparte n'a pas rempli sa mission qui étoit d'éteindre la Révolution, laissons à l'histoire à le montrer plus fameux que grand si elle est impartiale; quant à nous, gémissons de ses erreurs, déplorons son orgueil qui lui a tellement persuadé que c'étoit la force de son génie qui lui procuroit tant de gloire humaine, que le rocher de Sainte-Hélène a été assigné par la Providence pour devenir le terme de ses illusions.

Réfléchissons en même temps que Buonaparte n'ayant pas éteint par sa faute les torches révolutionnaires, nous avons encore des jours mauvais et des jours de justice à passer.

Les méchans sont comme une mer qui est dans la tourmente et qui ne peut s'apaiser; il n'y a pas de paix pour eux (*Isaïe*, LVII, *v.* 21). Comme Marat, Robespierre, et tous les coriphées et les agens de cette révolution terrible, de cette époque fameuse de tumulte, de trouble et de désolation; ils laisseront, dit l'Écriture, leur nom à mes élus pour s'en servir dans les exécrations..... Et pour terminer l'époque où Robespierre a disparu, on pourroit citer à ses sectateurs ce passage d'Isaïe.

J'ai déjà froissé celui qui frappoit avec fureur le peuple de coups qu'on ne pouvoit pas détourner, qui dominoit avec colère; j'ai rompu le bâton du méchant et du dominateur; le sépulcre profond s'est ému à cause de lui pour aller au-devant de lui; sa hauteur y est descendue; il est couché sur une couche de vers et la vermine est ce qui le couvre. Is. xiv, 6, 5, 9, 11.

Mais, je le répète, il est encore des jours mauvais, il reste encore des sceaux fermés; les coupes des plaies ne sont pas toutes versées; et dans cette même Écriture où nous lisons si précisément les malheurs que nous nous sommes attirés en prenant plus ou moins la marque de la bête et le signe de réprobation, entendons du moins cette parole de consolation.

Retournez jusqu'à l'Éternel, dites-lui : Otez toute l'iniquité et mettez le bien à la place. Il vous sera comme une rosée, il guérira votre rebellion : la main de l'Éternel n'est pas raccourcie pour ne pas délivrer, et son oreille n'est pas devenue pesante pour ne pas ouir. L'Éternel n'a pas délaissé Sion; la femme peut-elle oublier son enfant qu'elle alaite? Mais quand la femme l'auroit oublié, je ne l'oublierai pas moi; oui l'Éternel consolera Sion. O affligée, agitée de la tempête, dénuée de consolation, on ne fera aucun dommage à personne dans toute la montagne de ma sainteté, parce que la terre sera remplie de la connoissance de l'Éternel..... Que celui qui est sage entende ces choses, et que celui qui est prudent les connoisse.

Que ces paroles divines soient notre espérance; relisons-les sans cesse pour traverser ces temps de calamités et de fureur dont nous sommes ou les tristes témoins ou les malheureuses victimes.

Dijon, Frantin, imprimeur du roi, 1824.

www.ingramcontent.com/pod-product-compliance
Lightning Source LLC
LaVergne TN
LVHW052031160826
845678LV00003B/1278
* 9 7 8 2 3 2 9 6 3 5 2 8 6 *